पर्यावरण हमारी शान

मिथिलेश कुमार सिंह

क्रम-सूची

मेरी बात

सामाजिक, सांस्कृतिक व शैक्षणिक सरोकारों के लिए समर्पित पुस्तक पर्यावरण हमारी शान पर विचार किया गया है।

विगत 13 वर्षों के अनुभव को साहित्य सृजन से जोड़ते हुए बच्चों के सर्वांगीण विकास के लिए इस पुस्तक के प्रकाशन का यथासंभव प्रयास किया हूं।

फिर भी अनेक बिंदुओं को हम मात्र स्पर्श ही कर पाए हैं।

उन्हें पूर्ण रूप से भविष्य में वर्णित करने के लिए हम कटिबद्ध हैं।

हर व्यक्ति की अपनी सोच होती है अपने चिंतन की दिशा होती है, वक्त के साथ बदलाव भी होता रहता है। यह कोई नई बात नहीं है, बल्कि स्वाभाविक सत्य है।

मेरी यही संवेदनशीलता और कार्य के प्रति समर्पण हमेशा मुझे रचना करने की तरफ प्रेरित करती रही, अपने सहयोगी भाइयों व बहनों के स्नेह रूपी ऋण से उऋण नही हो सकता।

सच तो यह है कि मैं उऋण होना भी नहीं चाहता।

बच्चों के उज्ज्वल भविष्य के निर्माण के लिए हम सतत परिश्रम करने के लिए कटिबद्ध हैं।

हमारे मन में यही भाव हमेशा बना रहता है कि हर कार्य को समय सीमा के अंदर पूर्ण किया जाए बहुत ही शीघ्र इस पुस्तक प्रकाशन की कामना को लेकर के हमने अथक प्रयास किया और यह प्रयास आज एक पुस्तक के रूप में आप सभी के सामने प्रस्तुत हुई।

इससे बड़ा हमारे लिए कोई वरदान नहीं हो सकता।

आप सभी का सहयोग हमें हमेशा मिलता रहे बस इतनी ही चाह है हमें।

आप सभी का सहयोगी मिथिलेश कुमार सिंह।

नाम – मिथिलेश कुमार सिंह
पिता का नाम – दयाशंकर सिंह
जन्मतिथि – अप्रैल, 1982
शैक्षिक योग्यता - एम. ए., बी.एड.
कार्यरत पद – सहायक अध्यापक
प्राथमिक विद्यालय बसनी, बड़ागाँव वाराणसी
स्थाई पता – ग्राम व पोस्ट यूसुफपुर (खड़बा)
जिला – गाजीपुर
पिनकोड – 233310
स्थानीय पता – भरलाई, शिवपुर वाराणसी
पिनकोड – 221003
मोबाइल नंबर – 9452709614

नोट

इस पुस्तक में प्रकाशित सभी रचनाएं सभी रचनाकार की स्वरचित हैं। यदि कोई रचना किसी अन्य लेखक की पायी जाती है तो उसमें संपादक मण्डल या पब्लिकेशन वालों की कोई जवाबदारी नहीं होगी। प्रत्येक रचना की जिम्मेदारी स्वयं रचनाकार की है। यदि किसी रचना को लेकर कोई विवाद होता है तो उसके लिए रचनाकार ही अंतिम रूप से जिम्मेदार होंगे।

- मिथिलेश कुमार सिंह

पुस्तक प्रकाशक का परिचय

इंजीनियर लक्ष्मी तिवारी

नाम- इंजीनियर लक्ष्मी तिवारी

शिक्षा- बी.टेक. (ईसीई)

कार्यक्षेत्र - आईबीसी, बड़ा बिजनेस प्राइवेट लिमिटेड

पूर्व कार्यक्षेत्र – Content Writer & Editor and Voice Over Artist in Mahendra Education Private Headoffice, Lucknow

अभिरुचि - लेखन, प्रकाशन, वीडियो क्रिएशन, संभाषण, मंच संचालन एवं समाजसेवा।

साहित्य प्रकाशन - मार्च 2017 में पहली कविता "दर्द का श्रृंगार" प्रकाशित एवं 2018 मे हमारी दूसरी कविता माँ मुझे बड़ा नहीं होना प्रकाशित।

"शहीद", "ईश्वर एक हैं" एवं "कोरोना का डर एक वायरस" सांझा संग्रह पुस्तक मे हमारी रचना प्रकाशित।

फरवरी 2018 मे मासिक पत्रिका "हस्ताक्षर" मे हमारी रचना प्रकाशित।

"प्रेम प्रसून" साझा संग्रह पुस्तक मे हमारी रचना प्रकाशित।

अन्य उपलब्धियां – उत्तरप्रदेश इंटरमीडिएट परीक्षा 2012 की जिला स्तर टॉपर और इंस्पायर स्कीम के तहत 80 हज़ार रूपये की वार्षिक स्कालरशिप के लिए चयन।

विभिन्न स्थानीय, राज्य, राष्ट्रीय स्तर की पत्र-पत्रिकाओं में लगातार रचना प्रकाशन।

सभी स्तर पर कवि सम्मेलनों में निरंतर भागेदारी।

"काव्य गौरव" व "साहित्य भूषण" सम्मान से सम्मानित।

विशिष्ट उपलब्धियां - 2022 में एक और काव्य संग्रह "प्रेम" प्रकाशित और हमारे द्वारा संकलित।

साहित्य व समाजसेवा के लिये इस वर्ष गणतंत्र दिवस पर "विशेष प्रशस्ति पत्र" से सम्मानित।

अपने यू ट्यूब चैनल "Er. Laxmi Tiwari YouTube Channel" व अन्य विभिन्न यू ट्यूब चैनल पर सौ से अधिक प्रस्तुति।

संपर्क-

Whatsapp Number- +91 9554423693

Gmail I'd- laxmivlogs11@gmail.com & laxmipublishersmirzapur@gmail.com

YouTube Channel Name – Er. Laxmi Tiwari

YouTube Channel Link –

https://youtube.com/c/ErLaxmiTiwari

Whatsapp Link – https://wa.me/message/PR46ERAEYKG4A1

Telegram Link – https://t.me/erlaxmitiwariyoutubechannel

Facebook Page Link – https://www.facebook.com/erlaxmitiwariyoutuber/

My Profile Link on Bada Business Community App – https://drbindra.page.link/KVHiJSZyp6bkQB9D8

पता -

ग्राम – गजापुर, हरगढ़

जिला- मिर्जापुर, उत्तर प्रदेश

पिनकोड - 231313

मो. - 9554423693

1

जागो जागो भारतवासी,
पर्यावरण की चाह में।
कटते जाते पेड़ सभी,
उसे रोकना काम तेरा।
दिन-रात धरती पर तपन बढ़ी,
बारिश का नहीं है अता पता।
पेड़ काट काट कर मानव ने,
धरती को तबाह किया।
धर्म- कर्म में बाधा बनकर
आता है संसार।
पर्यावरण की रक्षा के बिना,
जीवन है सबका बेकार।
आज नहीं कल की है बात,
पर्यावरण में हो सबका साथ।
हम सुधरेंगे, जग सुधरेगा,
निर्मल स्वच्छ पर्यावरण बनेगा।

मिथिलेश कुमार सिंह
(सहायक अध्यापक)
प्राथमिक विद्यालय बसनी,
बड़ागाँव वाराणसी

2

जल में घिरे हैं सभी
जंगल, पहाड़ और
खेत - खलियान भी,
शहर - शहर और
जलमग्न हैं गांव-गांव
अब तुम ही बताओ..
आख़िर इंसान कहां जाए।
गांव से निकलकर
शहर में हम आए,
मुसीबतों से दिन-रात
होते रहे हम दो-चार,
सोचा अब कुछ तो
करें हम उपचार,
अब तुम ही बताओ..
आख़िर इंसान कहां जाए।
शहर में चलते हैं..
अब देखो तुम नाव,
गड्ढों में शहर है या
शहरों में पड़े हैं गड्ढे,
अब तुम ही बताओ..
आख़िर इंसान कहां जाए।

प्राकृतिक आपदाएं
हैं झकझोरने वाली,
कभी पड़ती है सूखा
कभी जल तांडव दिखाए,
इंसानों की बस्ती में
परेशान है इंसान ही,
अब तुम ही बताओ..
आखिर इंसान कहां जाए।
उलझनें तो बहुत हैं
फ़िर भी चाहिए हमें ठाँव,
गुजर-बसर करने के लिए
बनानी है फिर से गांव,
चलो चलते हैं अब..
फ़िर प्रकृति की गोद में,
अब तुम ही बताओ,
आख़िर इंसान कहां जाए।
रूठी है प्रकृति
चलो उसे मनायें,
पुरानी है दोस्ती हमारी
उसे फिर से याद दिलाएं,
अपनी गलतियों को
समय रहते सुधार लें,
प्रकृति मां की गोद को अपनाएं।
इस प्यारे रिश्ते को शिद्दत से निभाएं।।

डॉ. सुषमा कुमारी
नोएडा, गौतम बुद्ध नगर,
उत्तर प्रदेश

दिल की गहराई से निहारों कभी
प्रकृति के हर कण में सुखद ही
एहसास हैं इसके हवा पानी और
मिट्टी में अपनेपन सा मीठास हैं
हमारे जीवन के अभिन्न अंग हैं।
मंद-मंद जब चलती हैं पुरवैया
गाती है लोरी सहलाती हैं उदास
मन को पर्वत,घाटी और नदिया
सानिध्य में इसके मिलता सौंदर्य
अपार हैं ये अतुलनीय उपहार हैं।
जंगल-झाड़ी के साये में अंनत
गुणों की खान हैं जड़ी-बूटी और
औषधी लकड़ी व फल-फूल यहाँ
मिलता अपार हैं ऋषि-मुनियों की
तपोभूमि झरनों की जहाँ तान हैं।
इसके अस्तित्व को हैं हमें बचाना
क्योंकि शुद्ध हवा जीने का आधार
हैं बाग-बगीचे और उपवन का भी
संरक्षण हमारा प्रथम कर्तव्य हैं
शांत वातावरण सबकी जरूरत हैं।
अनजान नहीं हम सभी जब जब

प्रकृति का हास् हुआ दिखलाया
इसने अपना विकराल ही रूप हैं
भूकंप सुनामी बाढ़ अकाल से तो
कितनो का उजड़ जाता संसार हैं।
विभिन्न रूपों में दस्तक दे रहे ये
महामारी प्रकृति से छेड़खानी का
ही तो परिणाम हैं सब कुछ है इन
फिजाओं में तो क्यूँ तनिक लालच
में करते हम इसका ही विनाश हैं।
पौधे लगाये अधिक पालन-पोषण
कर उसे बड़ा करें औरो को भी दे
प्रेरणा प्रदूषण मुक्त हो गाँव शहर
अपना स्वच्छता भी बरकरार रहे
कूड़ेदान का प्रयोग भी जरूरी हैं।
अपनी व्यस्त दिनचर्या से कुछ
समय निकाल चिंतन करें आने
वाली पीढ़ी को एक सुखद भविष्य
प्रदान करें प्रकृति को संवारने का
दायित्व दे पर्यावरण हमारी शान हैं।
सरोज कंसारी
नवापारा राजिम
जिला-रायपुर (छ.ग.)

पर्यावरण के रंग अनोखे
रंगों का विचित्र विधान
नव पल्लव की शान में
सुन्दर सा होता वितान।
प्रकृति हमारी परम मित्र
पांचों तत्वों का समागम
निर्मित हमारा तन देख
सृष्टि की रचना अद्भुत।
जीवन साथी पेड़ हमारे
शुद्ध वायु छाया देते।
फल फूल से हमें रिझाते
वन की शोभा पेड़ हमारे।
जन जन की सेवा करते
सदा खामोशी में रहते।
पशु पक्षी राहत पाते
सच्चे सेवाधारी पेड़ हमारे।
ये हमेशा कर्तव्य निभाते
प्राण वायु सबको देते।
नम्र महादानी कहलाते
मौन शिक्षा दे पेड़ हमारे।
आओ हम सब मिलकर

आज बैठ प्रतिज्ञा करते,
रोज एक पौधा लगाएं
जंगलों की रक्षा करेंगे।
पेड़ों की कटाई रोकेंगे
प्रदूषण से प्रकृति बचाएंगे।
प्रेम से गले लगाएंगे।
पर्यावरण के हर अंग को
संरक्षण देकर कर्तव्य
अपना पूरा निभायेंगे।
पर्यावरण हमारी शान है।
कर्तव्य हम कभी न भूलें।
अमिता मराठे

5

बेवफाई मिली इंसान से अबतलक
नासाज़ हो अश्क और नहीं बहाओ
जान ठहरती कुदरत की बदौलत
मोहब्बत कर उससे मुस्कुराओ
गंदी हवाओं का रुख मोड़
बुहान की ओर ले जाओ
पेड़ काट काट कर यत्र तत्र भाई
प्राणवायु मत अब और घटाओ
चिपको आंदोलन याद करो
फिर से पेड़ पौधों को बचाओ
मानव समाज हम प्यारा
ऐसा एक बनाएँगे
मानव धरा धाम के
अब और रो नहीं पाएँगे
हर आदमी हँस - हँस कर
आगे बढ़ते जाएँगे
उन्नत जीवन हो
दुनिया नायाब हम बनाएँगे
एक भी प्राणी यहाँ का
दुःखित नहीं रह पाए
लॉक डॉउन के पहले

घर रासन पानी आए
परवरदिगार देख नेकी
मेहवान जरूर हो जाएंगे
आतंकी कोभिड को
अंतरिक्ष पार ले जायेंगे
ऐसे में मालिक करीब
हमारे और हो जायेंगे
सात्विकता से भरा देख
यक़िनन मेहरवान हो जायेंगे
यही इल्म है मज़हब का-
जीवन धन्य-धन्य हो जायेगा
इन्सान नफ़रत नहीं
नेह पुरजोर आजमायेगा
नेह की राह फिजूल बहस
नफरत से नहीं चलती
हँसने-हँसाने से हीं यह
जीवन की किश्ती है चलती
क़ायनात के मालिक के बंदे-
उनकी औलाद हैं हम
खुशी ओ' नेकी के मुसाफ़िर-
पी जाते हैं सारे गम
शिकस्त नहीं, फ़तह हीं
हमारा आखिरी मुक़ाम है
इन्कलाब- जिन्दाबाद हीं
हमारा आईन - जुवान है
सब्ज़ा-ओ-गुल
बने सारी दुनिया,
रौनक छा जाए
चाँद सितारे तक हमें
मेहरवान हो

चांदनी बरसाएं
कुदरत से मोहब्बत कर
इंसान फरिस्ता कहलाए
पुष्पा निर्मल
बेतिया बिहार

6

पर्यावरण बचाना है,
वसुधा को सजाना है।
वृक्षों को लगाना है,
सृष्टि को बचाना है।
मानव जन्म तूने लिया,
कुछ कर्म भी तो करना है।
वृक्षों को लगा करके,
जीवन को बचाना है।
पर्यावरण बचाना है ----
मैंने तुझे बहुत कुछ दिया,
मानव तू ये क्या जाने।
फल - फूल, औषधियाँ देकर,
तुझे निरोगी बनाया है।
पर्यावरण बचाना है
पुराणों में कहा गया है,
एक वृक्ष रोपित करना।
एक पेड़ पोषित करना,
दस पुत्रों के बराबर है।
पर्यावरण बचाना है
पेड़ों को काटते रहे,
श्वांस नहीं ले पाओगे।

कोरोना महामारी ने,
ये सबको जताया है।
पर्यावरण बचाना है -
सुनो मेरे देशवासियों,
शालिनी ये करती गुहार।
प्रकृति मित्र बन जाओ,
ये पुण्य कमाना है।
पर्यावरण बचाना है।
शालिनी सोलंकी, स० अ०
पू० मा० वि० केशोपुर गड़राना
अलीगढ़
उत्तर प्रदेश

7

जल, थल और आकाश,
मिल पर्यावरण है बनाते।
हम मानव अपने स्वार्थ की,
खातिर पर्यावरण नष्ट करते।
प्रभु के अनमोल खजाने में,
है सबका बसेरा।
जंगल काट वृक्ष जला,
पक्षियों को बेसहारा करते।
मानव का स्वार्थी मैला कुत्सित मन,
प्रकृति का संहार नित करता जाता।
दूषित प्रदूषित हो रहा वातावरण।
परिवर्तित हो रहा अपना पर्यावरण।
चहुं ओर बीमारियों ने आन घेरा।
साँसें हमारी पल-पल घुटती जातीं।
प्रकृति अपनी सुंदरता खोती जाती।
शुद्ध हवा हमें मिल न पाती।
नित पर्यावरण की हम करते हानि।
प्रकृति की मार निश्चित है खानी।
आओ मिलकर लगा लें दो-चार वृक्ष।
हम दिल से करें पर्यावरण सुरक्षित।
डॉ. वैंडी जैस, नयी दिल्ली

8

वृक्ष लगाकर धरती का श्रृंगार करें,
पीढ़ियों को यह मनोहर उपहार दें।
पेड़ों से जीवनदायिनी वायु मिलेगी,
संतान को सुख, निरोग, शांति देगी।
वन, जीव पर सदा से हैं उपकारी,
युगों से मानव के हैं कल्याणकारी।
फल, अन्न-जल, औषध अपार देते,
निशि-वासर मानव की सेवा करते।
स्वार्थी नर ने अरण्य को नष्ट किया,
परिजनों को असाध्य कष्ट है दिया।
अरण्य के पशुओं का आश्रय छीना,
प्रकृति का संतुलन उससे है बिगड़ा।
हरीतिमा लाकर धरा का ताप घटाएँ,
मनोरम जगती में खुशहाली बढ़ाएँ।
पर्यावरण-सुरक्षा की एक प्रतिज्ञा लें,
कोटि वृक्ष लगाकर शीतलता लाएँ।
अर्चना वालिया
मुंबई

9

मानव हैं हम, कुछ मानवता के काम करें।
वसुंधरा को माँ समझें, इसका सम्मान करें।।
नहीं वृक्षों की कटाई करें, वृक्षारोपण करें।
धरती के कटाव में न हम भागीदार बनें।।
जीव-जंतुओं के आश्रयदाता हैं ये तरुवर।
वृक्षारोपण कर इनका पालन-पोषण करें।।
समुद्र, नदी, पोखर में रहते जीव अनेक हैं।
इनको कभी न पाटे, जलचरों पर उपकार करें।।
पॉलिथीन का न इस्तेमाल करें बहिष्कार करें।
सबको, अपने नौनिहालों को भी यही ज्ञान दें।।
वसुंधरा को कभी न जहरीला हम बनाएँ,
कारखाने के कचरे को न नदियों में बहाएँ।।
अपनी काया को न इतना कोमल बनाएँ,
थोड़ा मेहनत, परिश्रम कर पसीना बहाएँ।
वातानुकूलित यंत्रों का कम से कम प्रयोग करें।
पर्यावरण की ओजोन परत में न छिद्रावेष्णन करें।।
ईंधन चलित वाहनों का भी कम इस्तेमाल करें।
खेतों में पराली जला कर न वायु प्रदूषित करें।।
कम्पोस्ट खाद, जैविक खाद का इस्तेमाल करें।
यूरिया, रासायनिक खाद का भी बहिष्कार करें।।
स्मृति दीक्षित

सहायक अध्यापक
प्राथमिक विद्यालय मदरवाँ
वाराणसी

10

धरती मां से करें अनुबंध
स्वच्छ पर्यावरण का करेंगे प्रबंध
उन्नति का करने को वरण
पेड़ पौधों का किया छरण
पेड़ पौधों का करेंगे जतन
हम करेंगे पर्यावरण संरक्षण
कारखाने से होता वायु प्रदूषण
नालों से होता जल प्रदूषण
बंद करें प्रकृति का छरण
बनाए हम स्वच्छ पर्यावरण
बंद करें पॉलिथीन का चयन
पेपर बैग का अपनाऐं चलन
पॉलिथीन खाने से पशुओं का
हो जाता है मरण
स्वच्छ बनेगा पर्यावरण
भूमि का होता है दोहन
वर्षा जल का नहीं होता संचयन
जल का करके संचयन
बनाऐं हम हरा भरा उपवन
तभी तो होगा स्वच्छ पर्यावरण
सूखे कूड़े का अलग

गीले कूड़े का अलग निस्तारण
कूड़े दान के ऊपर लगाए ढक्कन
तभी तो होगा शुद्ध पर्यावरण
सब मिलकर ले यह प्रण
धरती का करेंगे संरक्षण
पूर्ण होगा स्मृति का अनुबंध
गमले में ही सही
हरियाली का हम करेंगे प्रबंध
बनाएंगे स्वच्छ पर्यावरण

स्मृति दीक्षित
सहायक अध्यापक
वाराणसी, उत्तर प्रदेश

11

नहीं हुआ विलंब
कुल्हाड़ी चले धारदार,
आक्रन्दित रंग, पंख,
रक्त रंजित अंग-अंग,
वृक्ष नयन से बहती धार।
उखड़ी-उखड़ी हवा की सांसें,
गूंजे दर्दीली चीख-चित्कार!
कुल्हाड़ी चले धारदार।
धधक रही है अंतर ज्वाला,
कहाँ रहे पक्षी मतवाला?
छीन गया मुँह से निवाला,
उजड़ी छांव की धर्मशाला।
चहचहाती हंसती बस्ती,
हुई सुनी बेबस लाचार!
कुल्हाड़ी चले धारदार।
कुल्हाड़ी बनी काल कराल,
हुए अनाथ हरित बाल।
कौन झुलाए कलियां, कोंपल?
गंवाए वृक्ष पिता आधार!
कुल्हाड़ी चले धारदार।
वृक्षों की वाणी है मूक,

यही अति विडंबना।
विचार शक्ति हो गई शून्य,
बहरी हुई संवेदना।
पुत्र विहीन वसुंधरा,
देती शाप बारंबार,
है धिक्कार है धिक्कार!
यह तो अनर्थ, अशुभ आसार।
अभी भी नहीं हुआ विलंब,
मरु में आस की एक किरण।
वृक्ष लगा कर, वृक्ष बचा कर,
करें धरती का शृंगार।
निरख कर सुंदर वृक्ष अपार,
पुतले में होगा प्राण संचार।
खुश होंगे गांधी सरदार,
उतरेगा प्रकृति से ऋण भार,
अगर न चले कुल्हाड़ी धारदार।
हो वृक्षों का आदर सत्कार,
हो हरियाली का स्वप्न साकार।
लगाएं वृक्ष हजारों हजार,
प्रकृति रक्षा का यही है सार।
मालिनी त्रिवेदी पाठक
वडोदरा

12

सवा लाख वर्षों में अब तक,
हुई न इतनी गरमी।
ताप बड़ा धरती पर इतना,
हुई विलोपित नरमी।
दिन दिन बढ़ता तापमान पर,
कारण भी हम सब हैं।
बेकरार क्यों मौसम करता,
साधन भी जब सब हैं।
अपनी खुशियों की खातिर ही,
वृक्ष धरा से काटे।
वसुधा के सारे हिस्से ही,
कंक्रीट से पाटे।
वृक्ष हमारे सहयोगी हैं,
हमने समझ न पाया।
वृक्ष काट धरती खाली की,
अब जलती है काया।
चोली दामन जैसा ही है,
सदाबृक्ष से नाता।
सहजीवन है बहुत जरूरी,
नहीं निभाना आता।
गरल युक्त वायु लेकर भी,

प्राणवायु हैं देते।
राहगीर को छाया देकर,
हैं थकान हर लेते।
वन संपदा वृक्ष देते हैं,
फल प्रसून देते हैं।
आँखों को हरियाली देकर,
ताप सोख लेते हैं।
वृक्षों के सँग नमक हरामी,
हम सब ने ही की है।
गर्मी पड़ी जानलेवा जब,
भूल सभी ने की है।
अड़तालिस डिग्री से ऊपर,
पारा चढ़ता जाता।
दाँव लगाया जो मानव ने,
उल्टा पड़ता जाता।
रौद्र रूप धरती दिखलाती,
वर्फ़ पिघलती जाती।
धीरे-धीरे खत्म हो रही,
सभी पुरातन थाती।
जिम्मेदार स्वयं हम सब हैं,
अकल हमें ना आती।
पृथ्वी बनी आग का गोला,
लगता हमें जलाती।
भीष्म प्रतिज्ञा कर लो मिलकर,
हम सब वृक्ष लगायें।
भागीरथी प्रयास करें हम,
पुनः हरितमा लायें।
सौ पुत्रों के ठीक बराबर,
एक वृक्ष होता है।
जंगल है अनमोल धरोहर,

और वृक्ष पोता है।
बनें प्रकृति का सभी सहारा,
हरियाली छाएगी।
खूब करें वृक्षारोपण हम,
गर्मी घट जाएगी।
अंजनी कुमार चतुर्वेदी
"श्रीकांत" निवाड़ी

13

शान है अभिमान,
जीवन का संचार है
पर्यावरण हमारा,
प्राणों का आधार है।
सुंदर घटा से बादल छायें
धरती की तपन बुझाये,
जिससे हरी – भरी हो धरती
हरियाली विद्दमान हो,
शान है अभिमान,
जीवन का संचार है
पर्यावरण हमारा,
प्राणों का आधार है।
कलरव करती नदियां बहती
झर-झर झरने मनोहरी,
ताल सरोवर सब मे जल है
सब की प्यास बुझाने को,
शान है अभिमान,
जीवन का संचार है
पर्यावरण हमारा,
प्राणों का आधार है।
जीवन अपना जो तुम बचाओ

ज्यादा से ज्यादा पेड़ लगाओ,
पेड़ हमारे जीवन रक्षक
प्रकृति हमारी मां है
और यही हमारा पोषण करती,
शान है अभिमान,
जीवन का संचार है
पर्यावरण हमारा,
प्राणों का आधार है।
शालिनी ओझा
इटावा (उ.प्र)

14

प्रेम प्रकृति से वृक्ष
हमें देते है जीवन,
ये जीवन सफल बनाओ।
तीरथ व्रत और यज्ञ के पहले,
एक एक वृक्ष लगाओ।।
वृक्ष धरा के भूषण है,
ये करते दूर प्रदूषण।
वसुधा का श्रंगार करो तुम,
पहना पादप भूषण।।
देते प्राण वायु जो तुम को,
दूषित को हर लेते।
अर्थ धर्म अरु काम मोक्ष,
ये चार पदार्थ देते।।
इनसे सीता पता पूछते,
राम ने कहा सुनाओ।
पर उपकारी पेड़ सभी फल,
फूल मूल सब देते।
जिसके बदले में तुमसे ये,
कहौ कहाँ कुछ लेते।।
औषधि दवा जड़ी बूटी सब,
तुम को प्राप्त कराते।

वर्षा के हित बने सहायक,
ग्रीष्म की छाह सुहाते।।
सब तरु संत विटप बन रहते,
शिक्षा कुछ अपनाओ।
दातुन से ले दाह कर्म तक,
इनका साथ रहा है।
कथा भागवत में देखो तो,
सुन्दर श्याम कहा है।।
फूल फरै पर हेतु विटप ये,
जीवन धन्य रहा है।
जीवन वन से वन से जीवन,
कैसा सत्य कहा है।।
केवल माया में भरमाया ,
प्राकृतिक प्रेम बढ़ाओ।
ये उपकारी प्राणी है सब,
इनको अब न काटो।
जो है इन्हें काटने वाले,
उनको भी अब डाटो।।
मोहन बेनु बजावत तरु तर,
दृश्य जरा तुम झांको।
प्रभु तरु तर कपि डारके ऊपर,
रामायन को आंको।।
कार्बन ले आक्सीजन देते,
सबको यह समझाओ।
तुलसी पीपल शमी आँवला,
पूजें सब नर नारी।
खड़ी आज अति विकट समस्या,
परयावरणी भारी।
अं धा धुन्ध कटाई करते,
क्यों न वृक्ष लगाते।

अपने पाउन आप कुल्हाड़ी,
क्यों दुर्बुद्धि चलाते।।
रोमावली माँ वसुधा की है,
इनका दर्द मिटाओ।
जिन पर कोयल बैठ कूकती,
पपिहा पिऊ पिऊ करता।
ऐसी पावन देख प्रकृति क्या,
तेरा मन नही भरता।।
आश्रम की शोभा है इनसे,
खग मृग आश्रय दाता।
इनकी सृष्टि कर अपने को,
माने धन्य विधाता।
दस पुत्रो सम एक वृक्ष है,
शास्त्रन सार सुनाओ।
तीर्थ वृत और यज्ञ के पहले,
एक एक वृक्ष लगाओ।
राजेश तिवारी 'मक्खन'
झांसी उ प्र

15

परमात्मा का रूप प्रकृति
नमन करो, जतन करो.
नित नया रूप कुदरत दिखलाती
अनुपम सुन्दरता बिखराती.
निकट कुदरत के रहा मानव
योग, संयम, नियम, अपनाया.
फल-फूल, सब्जियां ताजी खाई
खुशहाली में सदा ही जीया.
स्वार्थ जब सिर चढ़ बोला
तहस- नहस कुदरत को किया.
कुएँ, तालाब, बावड़ी नष्ट किए
जंगल कानन काट दिए.
दोहन जीभर किया
इसलिए मानव आज तड़प रहा.
सूखा, बाढ़, तूफानों को झेल रहा.
महामारियों ने घेर लिया.
अब भी ना चेता अगर
जीवन बदतर हो जाएगा.
नाराजी कुदरत की बढ़ी गर
हालात बेकाबू हो जाएंगे.
जैसा बोओ, वैसा उगता

समझो नियम कुदरत का
तुलसी, पीपल, नीम, बरगद
जीवन दायी पेड लगाओ.
विकास का पहिया खूब चलाओ
पर जंगल सीमेंट के मत फैलाओ.
हरित संपदा को बचाओ
आक्सीजन मिले भरपूर
पेड लगाओ, पेड लगाओ.
आनंद जीवन में लाओ।
चन्द्रकला भरतिया
नागपुर, महाराष्ट्र.

16

पर्यावरण से जीवन है,
पर्यावरण से सांसें हैं,
ये लोग वनों को काटने,
पता नहीं कहां से आते हैं।
इस धरती पर ज़िंदा हो तुम,
तो पर्यावरण की सांसों से,
इसे काटकर खत्म ना करो,
इसे बचाओ अपने हाथों से।
ये धरती अम्बर तब तक हैं,
जब तक है पर्यावरण हाथों में तुम्हारे,
ये सूरज चांद सितारे,
ये चिड़िया घर तुम्हारे,
ख़ाक हो जाएंगे उस दिन
जब छूटेंगे पर्यावरण से हाथ तुम्हारे।
एक लगाओ पौधा तुम,
एक-एक लगवाओ सबके हाथों से,
पर्यावरण का संरक्षण करो,
मत छीनो सब कुछ आने वाले,
बच्चों के जीवन की सांसों से।
मिट जाएंगे उस दिन,
ये घर और घरौंदे तुम्हारे,

जब वनों को काटकर,
फैक्टरियों का प्रदूषण फैलेगा,
जीवन के साथ तुम्हारे।
इसे बचाओ,अभियान चलाओ,
चाहें अपनी जान गवाओ,
बस कर्तव्य तुम्हारा इतना है,
कि हर एक मनुष्य की सांसों को,
पर्यावरण बचाकर तुम बचाओ।
पर्यावरण हमारा जीवन है,
तो जल हमारी धड़कन,
ये दोनों नहीं रहे दुनिया में,
तो नहीं बचेगा आने वाले कल में
हमारा जीवन।
ये फल, फूल, पत्ती
पर्यावरण से है बचती
ये ठंडी ठंडी हवाएं हैं चलती
मानसून, बर्षा
ये सब पर्यावरण से ही हैं होती।
जीवन में अगर चलना है,
तो पर्यावरण हमें बचाना है।
पशु, पक्षी, इंसान, जानवर को
अगर जीवन देना है,
तो पर्यावरण से शुद्ध वायु भी
हमको ही पाना है।
इसलिए पर्यावरण संरक्षण
हम सबको करना है
और वनों को कटने से
हमें बचाना है।
आज शपथ लो जीवन में,
सुन्दर वनों को हमें बचाना है,

और एक बार फिर से,
पर्यावरण का बाग़
हमें खूब सजाना है।
पूजा ग्वाल
पीलीभीत
उत्तर प्रदेश

17

पर्यावरण हमारी शान है ऐ मानव इसे संभालो तुम,
प्रकृति वारिस है इस धरती की इसे ना बिगाड़ो तुम।
पर्यावरण से ही तो सारा वातावरण स्वच्छ रहता है,
जब पेड़ों से टकरा कर कार्बन शुद्ध वायु में बदलता है।
आज कट रहे पेड़ हर जगह पक्षी के घरौंदे उजड़ते हैं,
हरियाली सारी कट कट कर मॉल की इमारतें बनती है।
बढ़ती हुई जनसंख्या ने सारा जन जीवन बिगाड़ा है,
पर्यावरण को दूषित कर बीमारियों को बढ़ाया है।
वन सम्पत्ति प्रकृति की है उसमें क्यूँ आग लगाते हो,
क्यूं अपनी आने वाली पीढ़ी का जीवन कठिन बनाते हो।
जंगल अगर रहें जग में तो जीव जंतु भी सब जी पाएंगे,
वरना तो वो भी बेचारे तड़प तड़प कर मर जायेंगे।
ना कोयल कूकेगी बागों में, ना मोर पिहू पिहू गायेंगे,
पपीहे की आवाज़ न सुनोगे जब बादल ही न आयेंगे।
वन होंगे तो बरखा होगी, पेड़ों पर हरियाली होगी,
जंगल खुद बढ़ जायेंगे, पेड़ों पर फल फूल भी आयेंगे।
आओ पर्यावरण बचाएँ, प्रकृति को ना नुकसान पहुंचाएं,
आओ मिलकर प्रण लेंगे पर्यावरण संरक्षण सब करेंगे।
डॉ. मोहिनी 'स्नेह'

मेरठ

18

पेड़ से ही जीवन का आधार,
हम सबका है घर संसार।
एक दूसरे का साथी ,
पेड़ पौधे का संसार है।
पेड़ लगाना है,जीवन बचाना है।।
चारों ओर हरियाली,
जीवन में खुशहाली है।
स्वर्ग से सुंदर धरती प्यारा,
प्यारा हिंदुस्तान है।
पेड़ लगाना है, जीवन बचाना है।।
पेड़ पौधों से जीवन नाता,
शुद्ध हवा की पहचान है।
चारों ओर का आवरण,
पर्यावरण कहलाते हैं।
पेड़ लगाना है,जीवन बचाना है।।
पेड़ पौधो का महत्व जानो,
पेड़ों का संसार है।
पेड़ों की रक्षा करना,
हम सबका अधिकार है।
पेड़ लगाना है,जीवन बचाना है
अशोक कुमार साहू

राजनांदगांव, छत्तीसगढ़

19

आओ बनाएं नया रिवाज़,
एक पंथ होंगे दो काज,
बदलें हम धरती का मिज़ाज,
शादी, उत्सव, जन्म दिवस पर
दें हम पौधों का उपहार।
तोहफ़ा यह अनमोल रहेगा,
धरती की पीड़ा को हरेगा,
हरा भरा पौधा जो बढ़ेगा,
मन को आनंदित कर देगा
जीवन पर होगा उपकार।
सांसे खुलकर मुस्कराएगी,
सेहत भी सुधर जाएगी,
पुष्पों से बगिया महकेगी,
जीवन जब भयमुक्त बनेगा
बढ़ जाएगा खुद से प्यार।
बादल फटते, बाढ़ है आई,
रौद्र रुप में प्रलय है छाई,
पेड़ों पर आरी चलवाई,
इसकी करनी है भरपाई,
घायल हुई धरा का मन से
आओ करें मिलकर उपचार।

शादी उत्सव जन्म दिवस पर
दें हम पौधों का उपहार।।
पुनीता सिंह
दिल्ली

20

पर्यावरण है शान हमारी।
पर्यावरण में जान हमारी।
इसे बचाना बहुत जरूरी,
इसमें बसती सांस हमारी।।
बंद करो अब पेड़ काटना।
ठीक नहीं है पेड़ काटना।
पेड़ों से चलता है जीवन,
रोके सभी खाई पाटना।।
ऑक्सीजन को नहीं घटाना।
हमें प्रदूषण नहीं बढ़ाना।
ठीक नहीं है दुश्मन बनना
जीवन सांसे नहीं घटाना।।
खराब वाहन नहीं चलाना।
सड़क से अब उन्हें हटाना।
हानिकारक गैस बढ़ाकर,
आयु हमारी नहीं घटाना।।
पराबैंगनी किरणें आती।
कैंसर व चर्म रोग बढ़ाती।
क्लोरोफ्लोरोकार्बन गैस से,
ओजोन परत हमें बचाती।।
मंगल कुमार जैन

उदयपुर, राजस्थान

21

विरासत मे पाई हमने
चारो ओर हरियाली
नहर तालाब भरे हुए थे
कचरे के पहाड़ कहीं नही थे
विरासत मे हमने सीखा
खूब मेहनत करना
कुए से पानी लाते लोग देखे
अपना आंगन साफ करते
जल्दी उठकर खेत को जाते
औरते अनाज पीसती
आंगन लिपती
कम पैसों मे सबको
काम चलाते देखा
शुद्ध हवा पानी से हमने
सबको स्वस्थ रहते देखा
परिवार को साथ रहते देखा
नहीं किसी को परेशान होते देखा
एक दूजे का दुख बटाते देखा
दिखावा नही किसी को करते देखा
पर्यावरण अपना बचा न सके हम
सुख सुविधाओं की नही कमी,

अपनों के पास अपने नहीं
कमाने की बस होड़ लगी
पर्यावरण की चिन्ता किसी को नही,
स्वास्थ्य को खतरे मे डाल
पर्यावरण का कर रहे हाल बेहाल ।।
चन्दा डांगी
रेकी ग्रैंडमास्टर
मंदसौर, मध्यप्रदेश

22

पर्यावरण मानव है घनिष्ठ रहा,
पूरक एक दूजे का है बना रहा।
पर+आवरण से है ढका रहा,
जलवायु प्रदान करता है रहा।
स्वार्थी मानव पेड़-पौधे काट रहा,
प्रकृति से खिलवाड़ कर रहा।
पर्यावरण क्षति ग्रस्त अति हो रहा,
जल वायु मंडल प्रभावी रहा।
प्रौद्योगिकी करण बढ़ रहा,
धरती का भी तापमान बढ़ रहा।
ग्लोबल वार्मिंग गड़बड़ा रहा,
मानवीय खतरा बढ़ रहा।
फैक्ट्री से धुंआ निकल रहा,
जलवायु ध्वनि प्रदूषित हो रहा।
बढ़ी जनसंख्या से नष्ट हो रहा,
सघन घना जंगल कट रहा।
संतुलन बराबर घट रहा,
ऊंचा भवन खड़ा हो रहा।
तपन से जल कम हो रहा,
जनकल्याण घातक बन रहा।
रेनू बाला सिंह

23

आओ साथी हाथ बढाओ।
मिल जुल कर पेड़ लगाओ।
समय की किमत समझो।
पर्यावरण सुरक्षित करे।
इस धरती मां की गोद में।
नित नई एक पौध धरे।।
ऐसा समय आओ मिलजुल बनाओ।।
आओ साथी हाथ बढाओ।।
हरी हरी धरती हो।
कहीं सुखे न माँ का आंचल।
शुद्ध वायु मिले सभी को।
निरोग हो सबकी काया कंचन।
ऐसा प्रेम रस बरसाओ।।
आओ साथी हाथ बढाओ।
नित नई एक पौध लगाओ।।
चलते राही को छाया मिले।
प्यासे को मिले जैसे पानी।
हर मौसम में फल फूल खिले।
जिन्दगी बने अब सुहावनी।।
आओ मिल ऐसा संकल्प कर जाओ।।
आओ साथी हाथ बढाओ।

मिलकर नित नये पेड़ लगाओ।।
प्रदुषण को आओ हटाये
पर्यावरण संरक्षण कर सुरक्षित करें
घर घर ये संदेश पहुंचाये।।
आओ साथी हाथ बढायें
मिलजुल कर पेड़ लगाये।।
चन्द्रकला भागीरथी
बिजनौर, उतर प्रदेश

24

जन्म लिया जिस धरती पर,
उस धरती का कोई तोल नही।
पर्यावरण के रक्षक देवों का,
इस धरा पर कोई मोल नही।
मानव जब तक मानव है,
मानव तब ही मानव है,
यदि किया कार्य जब दानव का,
मानो तब मानव नही मानव है।
धुआँ,शोर व वायु प्रदूषण से
कभी न आएगी क्रांति,
ये पर्यावरण के दुश्मन है,
नहीं कदापि मिलेगी शांति।
एक समय हम खोजेंगे बस,
शुद्ध पानी व शुद्ध हवा ।
तिल-तिल जब मरेंगी जाने,
मांगेंगे बस शुद्ध हवा।
तब काम दवा न आएगी,
केवल पेड़,हवा याद आएंगे।
जब अभी बचाएंगे पेड़ों को,
तभी जीवन को बचा पाएंगे।
पेड़ों से यदि जीवन है तो,

बच्चों सा हम रखे ध्यान।
न काटें हम पेड़-पौधों को
पौधे हैं औषधियों की खान।
अभी समय है सोचो मानव,
वरना जीवन भर पछतायेगा।
अपनी नही तो बच्चों की सोचों,
वरना भविष्य सुधर नही पायेगा।
महेन्द्र प्रसाद
वाराणसी

25

उठो और संभाल लो पर्यावरण को,
वरना जन जीवन को कौन संभालेगा।
जीते जी लगा लो जंगल, वन, कानन,
वरना मरने के बाद लकड़ी कहां से लाएगा।
जीते जी संभालो धरा,धरती वसुंधरा को,
वरना मरने के बाद अंतिम निंद्रा कहां लेगा।
जीते जी संभाल लो जल, पानी, सलिल को,
वरना मरने के बाद अस्थियां कहां बहाएगा।
जीते जी संभाल लो ओम से नभ, व्योम को,
वरना मरने के बाद कैसे वायु पवित्र कराएगा।
जीते जी संभाल लो आग, अग्नि, अनल को,
वरना मरने के बाद परमानंद में कौन मिलाएगा।
जीते जी संभाल लो पूर्वजों से मिली विरासत को,
वरना मरने के बाद नौनिहालों को क्या देकर जाएगा।
संभाल लो पर्यावरण को वरना युगो-युगो तक पछतायेगा।
अंजू सिंह
लखनऊ

26

आओ मिलकर विश्व पटल पर
एक अभियान चलाएं हम
वृक्ष लगाकर वृक्ष बचाकर
जीवन स्वस्थ बनाएं हम
सुंदर, नदियां, पर्वत, झरने
तेरी प्यास बुझाते हैं
भानु,शशि की दया दृष्टि से
अंबर जल भर लाते हैं
पंचतत्व के पांच रूप को
जन-जन हृदय सजाएं हम
वृक्ष लगाकर वृक्ष...
जीवन...
वृक्ष हमारे प्राण वायु संग
फल व फूल लुटाते हैं
फिर भी मानव इन वृक्षों को
काट के महल उठाते हैं
एक कटे तो उसकी जगह पे
दस दस वृक्ष लगाएं हम
वृक्ष लगाकर वृक्ष...
जीवन स्वस्थ...
वृक्ष से हमको औषधि मिलती

इंधन का भी रखता ध्यान
थोड़ा सा तेरे श्रमदान से
पर्यावरण का हो सम्मान
जागरूक हो मां धरती का
धानीं आंचल कर जाएं हम
वृक्ष लगाकर वृक्ष...
जीवन स्वस्थ...
"ममता"इस कविता से सारे
जग से एक आवाहन करे
पर्यावरण को शुद्ध बनाकर
प्राण वायु का पान करे
धरती-धानी आंचल ओढ़े
ऐसा अलख जगाए है
वृक्ष लगाकर वृक्ष...
जीवन स्वस्थ...
ममता उपाध्याय
वाराणसी

27

प्रकृति के हैं हम सब अंग।
मत करिए इसका अंग भंग।।
प्रकृति सब की अभिन्न
यह नहीं किसी से भिन्न
ना रोका इसका दोहन
जीवन होगा छिन्न भिन्न
कण -कण में भरे रंग।
प्रकृति के हैं हम सब अंग।।
यह मानव जीवन रक्षक
यह प्रदूषण की भक्षक
ध्यान हमें इतना रखना
यह बन न पाए भिक्षुक
यह तन में भरे उमंग।
प्रकृति के हैं हम सब अंग।।
करें सुरक्षित पानी हम
लिखे नई कहानी हम
बनाए दुल्हनिया धरती
बोले मीठी वानी हम
लड़े माटी रक्षा की जंग।
प्रकृति के हैं हम सब अंग।।
हुई विलुप्त कई प्रजाति

मत बनिए जीवन के घाति
इससे ही अस्तित्व हमारा
मिलती इससे हमें ख्याति
अंतिम सांस निभाए संग।
प्रकृति के हैं हम सब अंग।।
भास्कर सिंह माणिक
जालौन, उत्तरप्रदेश

28

धरा श्रृंगारित संग पर्यावरण
जब आए आषाढ़ का महीना।
लाए हरियाली चारों ओर।
बनाए जीवन सुंदरतम
मिट्टी की सौंधी सौंधी खुशबू।
महकाती है तन मन।
वातावरण कुसुमित लुभाता।
पर्यावरण जीवन का सरक्षा कवच।
मानव जीवन का है आधार।
पर्यावरण की शुद्धता,
रक्षा कवच है जीवन का।
पर्यावरण शान है हमारी।
धरा श्रृंगारित संग पर्यावरण।
महकता सकल जनजीवन।
हर भरी अवनी लुभाती सबको।
जडी बूटी पर्यावरण की सुधारती जीवन।
धीमी धीमी खशबू मोह लेती मन।
प्रदूषण का करें नाश।
पर्यावरण को शुद्ध बनाने का करें प्रयास।
मंजू रत्न भार्गव
अजमेर

29

पर्यावरण हमारी शान है,
स्वच्छ और संतुलित पर्यावरण
से अस्तित्व ए जहान की पहचान है।
पर्यावरण कुदरत का अनमोल उपहार है,
इसे सुरक्षित और संरक्षित रखना
हम इंसानों की संस्कृति ओ संस्कार है।
घने जंगली की शांत वादियों में
चेतना और संवेदना का आभास है,
प्राणवायु का स्त्रोत ए एहसास है।
जीवनदायिनी नदियां, झरना
जहां सभ्यता फली फुली,
ऋषि मुनियों की कर्मस्थली बनी।
पर आज हम इंसानों ने ही निज
स्वार्थ हित पर्यावरण संतुलन
बिगाड़ बर्बादी को आमंत्रण दिया है।
प्रकृति का है संदेश
मैं हू तो तू है, फिर भी हम खुद को
सर्वोपरि समझ मनमानी करते है।
वक्त से संभल जाना अच्छा है,
पर्यावरण संकट से निपटना
और धरा स्वर्ग बनाना अच्छा है।

ज्योति सिंह
जमशेदपुर

30

वृक्ष लगाओ, वृक्ष लगाओ,
चारों ओर हरियाली फैलाओ।
धरती कह रही है बार-बार,
सुन ले, मानव मेरी पुकार।
बड़े-बड़े महल बना कर,
मत डालो मुझ पर भार।
पेड़ पौधों को नष्ट करके,
मत उजाड़ो मेरा संसार।
धरती की है यही पुकार,
जल है जीवन का आधार।
उष्णता से राहत है दिलाता,
हर प्राणी की प्यास बुझाता।
सबसे अनमोल है यह जल,
सबका पालनहार है यह जल।
जल की कीमत को पहचानो,
इसे व्यर्थ तो यूँ न गँवाओ।
मीना कथुरिया
कानपुर

31

पर्यावरण हमारी शान है।
पर्यावरण अभियान चलाकर
जन जन को हमें जगाना है।
जीवन में खुशहाली लाना है।
पर्यावरण हमारी शान है।
पेड़ पौधे से होती है वर्षा
इनसें ही मिलती सांसें हमें
पर्यावरण ही एक जीवन है।
पर्यावरण हमारी शान है।
चहुं और छाई है हरियाली
रंग बिरंगे खिलते फुल यहां,
बागियों में गुंजते है भंवरे।।
पर्यावरण हमारी शान है।
कितना सुन्दर लगता है।
यह दृश्य वर्षा ऋतु का रंगों
सी मुस्कान छोड़ता है यह।।
पर्यावरण हमारी शान है।
स्वच्छ भारत मीशन का है
यह संदेश,हर गली मोहल्ले
को हम रखें हर दम स्वच्छ।।
पर्यावरण हमारी शान है।

संकल्प,प्रतिज्ञा हम लेते हैं।
पेड़ पौधे और वन्य प्राणी,
जल का हम करेंगें संरक्षण।।
पर्यावरण हमारी शान है।
पर्यावरण हमारा जीवन है।
पर्यावरण से चलता है संसार
पर्यावरण से प्रेम हम करते हैं।।
कैलाश परमार
इंदौर, मध्यप्रदेश

32

आज एक पौधा लगाओ,
अपने हिस्से का फर्ज निभाओ,
स्वच्छ वातावरण के वास्ते,
आज एक पौधा लगाओ।
पाना है गर्व की अनुभूति,
खुद को यकीन दिलाओ,
करना हो गर नेक काम,
आज एक पौधा लगाओ।
उज्ज्वल भविष्य की ख़ातिर
सब मिलकर वृक्षारोपण कराओ,
संसार की रौनक बढ़ाओ,
आज एक पौधा लगाओ।
यह धरती है पवित्र स्थान,
इसे फूलों से महकाओ,
कहकर नही करके दिखाओ"शमा "
आज एक पौधा लगाओ।
शमा परवीन
बहराइच, उत्तर प्रदेश

33

आओ बचाएं पर्यावरण
अन्धी दौड़ विकास की
नष्ट कर गई पर्यावरण
आओ लौटें वेदों की ओर।
वायु अग्नि जल धरा क्षरण
प्रकृति ह्रास हो रही देखो
आओ लौटें वेदों की ओर
कलुषित विचार हवा दूषित
छिन्न भिन्न वन संपदा
हो गया आकाश दूषित
टूट रहा क्रम ऋतुओं का
छूट रहा यज्ञ ऋत्विजों का
रोती प्रकृति पिघले ग्लेशियर
अओ लौटें वेदों की ओर।
विस्मृत किया उषा पान
नहीं शुचिता नहीं ब्रह्म स्नान
अर्ध रात्रि तक जिम, जाम
नहीं चाहिए पश्चिम से होड
आओ लौटें वेदों की ओर।
हम करते दोहन प्रकृति का
नई खोजों का दुरुपयोग कर

निशाचर हो गया है मानव
पापी होकर बन गया दानव
आओ लौटें वेदों की ओर।
आओ बचाएं पर्यावरण
आओ बचाएं पर्यावरण।
जीवों के रक्षण संवर्धन में
शाकाहारी बनें हम मनुष्य
एक एक वृक्ष प्रति वर्ष
जन्म पर लगाएं हम मनुष्य
और न काटें न कटनें दें वृक्ष
आओ लौटें वेदों की ओर।
समुद्र नदी तट स्वच्छ रखें
पावें सदा ही स्वच्छ जल
वाष्प बनें जो सूर्य किरण से
वो भी सदा हो स्वच्छ जल
बूँद बूँद ही मूल्य वान है
व्यर्थ न बर्बाद होने दें जल
आओ लौटें वेदों की ओर।
गौधन पशुधन अरण्यधन
आओ बचाएं प्राकृतिक धन
ऋषियों की शैली अपनाएं
वेद पढें संध्या यज्ञ करें कराएं
अनुशासन प्रकृति का हमें
सिखाता, बताता पर्यावरण
आओ हम भी हों मर्यादित
संरक्षित कर लें पर्यावरण
आओ लौटें वेदों की ओर।।
आओ लौटें वेदों की ओर।।
गीता झा

34

जीवन में श्रृंगार वृक्ष से है,
जन-जीवन के आधार पेड़ हैं।
गगन में मेघों को है लाते,
बरखा को निमंत्रित है करते।
तरुवर से हमें फल मिलते हैं,
जो हमारी क्षुधा शांत करते हैं।
विटप हमें जीवनदायिनी देते हैं,
मानव जीवन इससे चलता है।
ये हमें औषधि प्रदान करते हैं,
जिससे हम निरोगी होते हैं।
रबड़, कागज़, लकड़ी है देते,
पक्षियों के घर-बार ये पेड़ हैं।
पक्षी नभ में विचरण है करते,
मानव के मन को मोहित है करते।
हमें पर्यावरण को स्वच्छ रखना है,
हमें ही इसका बीड़ा उठाना है।
पर्यावरण बचे तो प्राण बचें,
सृष्टि का कण-कण निखरे।
सारिका आनंद
बरेली

35

कुल्हाड़ी चले धारदार,
आक्रन्दित रंग, पंख,
रक्त रंजित अंग-अंग,
वृक्ष नयन से बहती धार।
उखड़ी-उखड़ी हवा की सांसें,
गूंजे दर्दीली चीख-चित्कार!
कुल्हाड़ी चले धारदार।
धधक रही है अंतर ज्वाला,
कहाँ रहे पक्षी मतवाला?
छीन गया मुँह से निवाला,
उजड़ी छांव की धर्मशाला।
चहचहाती हंसती बस्ती,
हुई सुनी बेबस लाचार!
कुल्हाड़ी चले धारदार।
कुल्हाड़ी बनी काल कराल,
हुए अनाथ हरित बाल।
कौन झुलाए कलियां, कोंपल?
गंवाए वृक्ष पिता आधार!
कुल्हाड़ी चले धारदार।
वृक्षों की वाणी है मूक,
यही अति विडंबना।

विचार शक्ति हो गई शून्य,
बहरी हुई संवेदना।
पुत्र विहीन वसुंधरा,
देती शाप बारंबार,
है धिक्कार है धिक्कार!
यह तो अनर्थ, अशुभ आसार।
अभी भी नहीं हुआ विलंब,
मरु में आस की एक किरण।
वृक्ष लगा कर, वृक्ष बचा कर,
करें धरती का शृंगार।
निरख कर सुंदर वृक्ष अपार,
पुतले में होगा प्राण संचार।
खुश होंगे गांधी सरदार,
उतरेगा प्रकृति से ऋण भार,
अगर न चले कुल्हाड़ी धारदार।
हो वृक्षों का आदर सत्कार,
हो हरियाली का स्वप्न साकार।
लगाएं वृक्ष हजारों हजार,
प्रकृति रक्षा का यही है सार।
मालिनी त्रिवेदी पाठक
वडोदरा